絶対に
停まらない
世界の
廃墟駅

Abandoned
Train
Stations

デビッド・ロス

大島聡子 訳

絶対に停まらない
世界の廃墟駅

デビッド・ロス

大島聡子　訳

CONTENTS

はじめに

廃駅とは、職員がいなくなり、列車も停車しなくなった駅のことだ。廃線にはもちろん、存続している路線にも、線路の撤去されたへき地にも、それはある。世界中に、数え切れないほどの廃駅が存在する。内陸の移動手段といえば鉄道だった頃のおよそ100年の記憶をとどめて。アメリカの大草原で、アフリカのサバンナで、大都市で、蒸気機関車は汽笛を鳴らし、遠くへ旅立つ合図を送っていた。

しかし鉄道の黄金期でさえ、駅は現れては消えていった。世界最初の駅は1824年、英国のストックトンに設けられたものだが、2、3年後には、より設備の整った駅が新たに建てられている。町や都市の成長、採鉱など産業の盛衰、人口の移動、そういうものが鉄道の廃止や駅の移設などにつながり、建物や設備があとに残される。それらの廃駅には往時の面影が残り、歴史を感じることができる。

上：
グダウタ駅 ❶
ジョージア、アブハジア
ジョージアからの独立を宣言しているアブハジアのグダウタには、立派な駅舎が残っているが、そこに列車は来ない。運行再開のめどは立っておらず、2018年からは地元の有志が再利用の道を探している。

右：
16番ストリート駅 ❷
米国、カリフォルニア州、オークランド
かつては米国を横断するサザン・パシフィック鉄道の終着駅だったが、1994年からは使われていない。

ヨーロッパ
EUROPE

ヨーロッパはどこよりもきめの細かい鉄道網を誇っているが、廃止されている路線や駅も多い。特に地方では、何千という小さな駅が廃墟になっている。かつて、農業地帯では30キロ以内に鉄道が2本あっても、それぞれ利益を上げられると考えられていた。

しかし、内燃機関の時代を待つまでもなく、蒸気自動車が現れた時点で、その考えが誤りであることはわかりきっていた。廃墟駅といってもその範囲は広く、木造の小屋から屋敷のようなもの、1960年代の実用的だが地味な建物までさまざまである。おそらく、1853年にイングランドのシュルーズベリー・ヘレフォード鉄道が巨木のうろの中にしつらえた切符売り場が最も極端な例で、そしてその対極にあるのが、ピレネーのスペイン側山中にどっしりと構える宮殿のようなカンフランク駅（1928年）だろう。廃墟駅には、アントリム渓谷（北アイルランド）の鉱業の衰退や英仏海峡の横断手段の変化のような、産業や社会の歴史が反映されている。ベルリンの街中に荒れたまま放置されている巨大な操車場には、戦後ドイツの分断と再統一後の事情がよく表れている。アルバニアの田舎に並ぶ廃機関車の列は、共産党政権時代の拡大計画の名残である。北米の都市のように、プラハやアテネにも廃墟と化した中央駅があり、活用する方法を模索中だ。それらは住民に愛され、近代都市のエッセンスでもあったが、二度と列車が停まることはない。

カシェルナゴール
アイルランド、ドニゴール州 ❸

アイルランド最北西のへき地を走っていた軌間914ミリのレタケニー・バートンポート延伸線、その沿線にぽつんと建っていた駅。1903年に開業、1940年に廃止。1992年には『鉄道駅の男』という映画のため、駅舎の一部が修復された。この写真は廃駅だった頃のものだが、2017年に駅舎は全面的に修復され、今では2軒分の別荘として貸し出されている。

フォインズ ④
アイルランド、リムリック州

1858年、フォインズはリムリックから分かれる支線の終着駅になった。旅客サービスが終了したのは1963年。臨時の貨物列車が運転されることもあったが、それも2000年までだった。現在、休止という扱いではあるが、メンテナンスされていないため、徐々に老朽化が進んでいる。旅客ホーム上屋の屋根も落ちている。アイルランドのほかの廃線と同様、復活を求める声はあるが、財政難のため難しい。

モアテ
アイルランド、ウェストミーズ
マリンガーからアスローンへ至るミッド
ランド・グレート・ウェスタン鉄道本線
の駅で、道路の横断箇所でもあったモア
テは、1987年の再編成で旅客ルートから
すっかり外されてしまった。正確には廃
止ではなく休止だが、信号装置を撤去さ
れてしまっては再開できない。遮断機は
20年ほど下がったままだ。

ブラックスボート

スコットランド、マレー

グレート・ノース・オブ・スコット
ランド鉄道のストラススペイ支線の
駅はどれも、地元の石を使い、この
地方特有の小家屋のような造りに
なっている。この路線は1863年に
開業し、蒸留所の多い「ウイスキー
鉄道」として知られていたが、利用
者はあまり多くなかった。1965年に
廃止。ここ、ブラックスボートには
木造の貨物上屋も残っている。廃線
跡の一部は、散歩やサイクリング用
の小道として利用されている。

左上：
カンバーランド・ストリート駅 ⑦
英国、スコットランド、グラスゴー

都心の駅には、ホームとホームを結ぶタイル張りの地下通路があるものだが、この駅ではホームが高架化されているため、通路は地上にある。もともとエグリントン・ストリートと呼ばれていたこの駅は、グラスゴー・アンド・サウスウェスタン鉄道によって1900年に開業し、1966年に廃止された。それ以来、劣化の一途をたどっている。

左下：
カーディフ湾 ⑧
英国、ウェールズ

この駅は街から波止場へ走る短い支線の終点で、170年以上の間に、カーディフ（ビュート・ドック）から始まり、さまざまな名前で呼ばれてきた。写真ではすっかり汚れて板を打ちつけられているが、格好が良く、2020年に修復されている。ただ、もう、駅舎として使われることはない。新しいカーディフ湾駅は、2023年に開業予定である。

右：
パークモア ⑨
英国、北アイルランド、グレナリフ、アントリム県

パークモアの緑に埋もれた鉄道の遺構に、鉱業の過ぎ去った歴史が透けて見える。バリメナ・クッシェンドール・アンド・レッドベイ鉄道は、1870年代初頭に鉱山で採れた鉄鉱石を運ぶために建設された。1888年からは軌間994ミリの線路で、パークモアまで乗客も乗せるようになる。だが旅客列車の運行は1930年に終了し、貨物も1940年には廃止された。

16

左:
フォークストン・ハーバー駅 ⑩
英国、イングランド、ケント

英国−フランス間の輸送は、100年
以上もの間、鉄道と蒸気船が支配し
ていた。1849年1月には、世界で初
めて鉄道と海運の統合による国際的
輸送サービスが始まり、フォークス
トンとブローニュがその中継地点と
なった。ハーバー駅の開業は1850
年。その後、カーフェリーや英仏海
峡トンネル開通（1994年）により、
2014年に廃駅になった。現在は地
域の遺産として残されている。

右上:
フェルミンガム ⑪
英国、イングランド、ノーフォーク

ミッドランド・アンド・グレートノー
ザン連合鉄道は、いくつもの小さな
田舎町を経由して、ミッドランドと
グレート・ヤーマスの海を結ぶ長距
離鉄道だった。鉄道が完全に廃止に
なったのは1959年。1883年開業の
フェルミンガムは、よくあるレンガ
造りの小さな駅だ。廃駅となった今
は、廃線跡を利用したウィーバーズ
ウェイというウォーキングトレイル
のチェックポイントとなっている。

右下:
ホーニング ⑫
英国、イングランド、ノーフォーク

フェルミンガムと同様に、ホーニン
グでも旧ミッドランド・アンド・グ
レートノーザン線はウォーキングの
ための小道になっている。緩やかな
カーブを描く2本のホームはある程
度修復されているが、駅舎を含めほ
かに残されているものはほとんどな
い。駅舎は1882年に建てられ、
1959年に閉鎖された。近くのロック
スハムにはミニチュア鉄道博物館が
あり、復元された信号場を見ること
ができる。

左上:
クレア ⑬
英国、イングランド、サフォーク

クレア・カントリーパークに保存されているこの駅は、旧グレート・イースタン鉄道のサドベリーとケンブリッジ間にあった。閉鎖は1967年。その後、案内所を兼ねた博物館として利用されるようになったが、現在はそれも閉館している。開業は1865年で、方形屋根の部屋を寄せ集めて建てられている（経費削減のために）。大部分は、駅長の住宅だった。

左下:
ウェーマス埠頭駅 ⑭
英国、イングランド、ドーセット

列車はロンドンからチャンネルアイランド汽船に連絡するために運行されていた。短い支線が町の通りを抜けて埠頭まで開通したのは1865年だったが、実際に小さな蒸気機関車が走るようになる1880年頃までは、相変わらず馬が荷物を運んでいた。定期運行は1987年に終わったが、1999年5月までは臨時列車が走ることもあった。あまり見栄えの良くないこの駅舎は、1960年代に建てられたものだ。

右:
オールトン・タワーズ ⑮
英国、イングランド、スタッフォード

ノース・スタッフォード鉄道チャーネット・バレー線のこの駅は、オールトンの村とその近くにある大邸宅オールトン・タワーズ（現在はアミューズメントパーク）のために1849年に開業した。この路線で、このようなイタリアの建築様式を見るのは珍しい。鉄道は1965年に廃止されたが、この建物は1979年から宿泊施設として利用されている。

1891 1991
MARCH 7TH
THE START ON THE TUNNEL

CLIFTON
ROCKS
RAILWAY

OPENED 1893

CLOSED 1934

クリフトンロックス鉄道 16
英国、イングランド、ブリストル
1893年に開通したこのケーブルカーは、
頂上のクリフトン地区から谷間のエイボ
ンまで短いトンネル内を登ったり下った
りして乗客を運んでいた。4両の車両は、
水の重さを利用して移動するウォーター
バランス方式を採用していた。トンネル
は第二次世界大戦時、放送用スタジオや
防空壕としても使われた。2002年からは
トラスト団体によって保全され、2019年
からボランティアが修復作業に取り組ん
でいる。

ヒストン
英国、イングランド、ケンブリッジシャー
1847年に開業したこの駅は、もともと農
産物、特に果物の輸送を扱うためのもの
だったが、そのうちに木造の待合室が増
築された。貨物輸送は1966年に、旅客
は1970年に廃止された。廃線跡は、ケ
ンブリッジ - セントアイブス間を走る世
界一長いガイド付きバス専用道路に転用
されている。ガイシ（電柱と電線を絶縁
する器具）をつけた電柱が立っているが、
当時英国の線路沿いにはこのような電柱
が並び電線が張られていた。

グレート・ロングストーン　　18
英国、イングランド、ダービーシャー

1863年、ミッドランド鉄道は、ロンドン
－マンチェスター間路線計画の一環とし
て、ピーク・ディストリクトを通る区間
を開通させた。この線は1967年に廃止
され、廃線跡はサイクリング用の道とし
て整備されている。写真右側に写ってい
る建物は当時ミッドランド鉄道の取締役
の所有するソーンブリッジ・ホールで、
駅舎はこの建物に見合うよう設計された。

リンリー停車場　　　　　　　19
英国、イングランド、シュロップシャー
ホームが一つだけのこの小さな駅は、路
線の建設に反対していた地主をなだめる
ために、1862年に設置された。1917年
に『停車場』へ降格したが、1963年ま
で使用されていた。グレート・ウェスタ
ン鉄道シュルーズベリー–ウースター間
を結ぶセバーン・バレー線にあり、保存
区間のすぐ北に建っている。

ハルト・ロワイヤルダルデンヌ　　20
ベルギー、アルデンヌ

かつてはプライベートな駅を持つ巨大な
城で、のちに高級ホテルにもなったが、
現在残っているのは銃眼付きの塔とゆっ
たりした曲線を描く古い壁だけだ。城は
1874年に建てられ、駅は1896年に開業。
ベルギー鉄道の166号線がすぐ横を通っ
ている。鉄道は今も運行されているが、
駅は1909年に閉められ、以来打ち捨て
られている。ホテルとして使用されてい
た城は、1968年に全焼し取り壊された。

パンコウ貨物駅　㉑
ドイツ、ベルリン

ベルリン北東部のパンコウ＝ハイナースドルフ＝Ｓバーン
駅の隣にあるこの鉄道施設は、1893年に建てられ、1997
年から放棄されている。大きな貨物駅と機関区も備えてい
た。写真（右）では、老朽化が進んでいることが分かる。
換気窓付き丸屋根の円形機関車庫（下）は、ドイツに現存
する二つのうちの一つだ。消失したり取り壊されたりした部
分もあるが、転車台（右ページ）のように放置されている
ものも多い。2009年に開発会社が取得したが、市議会や保
存を主張する団体と折り合いが付かず、その間にも施設は
崩壊への一途をたどっている。

左：
スードゲレンデ自然公園　
ドイツ、ベルリン

ベルリン・アンハルト駅（1952年に廃止）の外に広がるテンペルホーフ操車場と機関区の敷地は、1990年代に手つかずの自然と現代美術、昔の鉄道の遺構が調和した快適な庭園へと生まれ変わった。来場者は引退した機関車を見て、コンクリートの高架下を歩き、現代彫刻やパフォーマンスなどを楽しむことができる。

次ページ：
ハンゲルスベルク　㉓
ドイツ、ブランデンブルク

DBレギオ・ノルドストの列車は今も走っているが、20世紀後半に無人駅になってから、この歴史ある建物はただ朽ちるのを待つだけになった。ベルリンからコットブスとフランクフルト（オーデル）の間にあり、開業は1842年と、ドイツに現存する最も古い駅の一つである。近年は、ある団体が取得し、文化・教育センターに生まれ変わらせようと修復に励んでいる。

オリンピックスタジアム駅 ㉔
ドイツ、バイエルン、ミュンヘン

1972年、世界中から観客が押し寄せる
ミュンヘンオリンピックに向けて、S-8
郊外電車の終点に近代的な駅が特別に建
設された。一旦閉鎖すると発表されたの
は1988年5月。ここからミュンヘン空港
まで鉄道を敷こうという提案もあったが、
却下された。線路は2003年に片づけら
れた。

左上：
バニョール＝ド＝ロルヌ ㉕
フランス、オルヌ

1881年、ブリウーズ－クーテルヌ間の海岸線に開業したこの駅は、2002年に閉鎖された。2012年、地方自治体に取得され、温泉や緑地の多いリゾート地の観光案内所としてよみがえった。しかし、古い時計は5時を指したまま動かない。

左下：
マニャック＝ラバル ㉖
フランス、オート＝ビエンヌ

パリ・オルレアン鉄道は1908年にドラからこの地へ支線を延ばした。旅客輸送は1932年に停止したが、貨物の方は1988年まで続けられた。1994年以降、廃線となったが、村には「カフェ・ド・ラ・ガール」が残っている。

上：
フュメル ㉗
フランス、ロット＝エ＝ガロンヌ

廃線モンサンプロン＝リボ－カオール間にあるこの駅は、パリ・オルレアン鉄道によって1869年に開業。旅客輸送は1971年まで、貨物は2010年まで続けられた。廃線跡は現在、緑道として散策に利用されている。

ラ・プティト・サンチュール
フランス、パリ

「小さなベルト」という名前のこの鉄道は、パリの都心部を運行する環状鉄道路線である。当初の目的は建設中だった城壁への資材を運ぶためで、1852年に設けられた。旅客輸送も早々に始まったが、メトロが広がると必要性がなくなり、1934年に廃止された。貨物輸送は1979年まで続けられた。今日、パリ西部でごく短い区間ではあるが通勤列車が運行されている。

左：
線路は大部分が切通しとなっており、公共の緑道として歩行者に開放されている。
下：
線路の上に建てられた駅が多い。クルセル・ルバロワ駅は典型的なアンピール様式の建物だ。

43

ブリニョール

フランス、バール

29

南北に走る本線同士をつなぐカルヌール・ガルダンヌ線の開通は、1885年。定期便は1939年から運行されていないが、ブリニョール駅は依然としてフランス国鉄（SNCF）が所有している。21世紀に入ってからは、ブリニョールを通る路線は民間グループによって整備され、季節ごとに観光列車が運行されている。

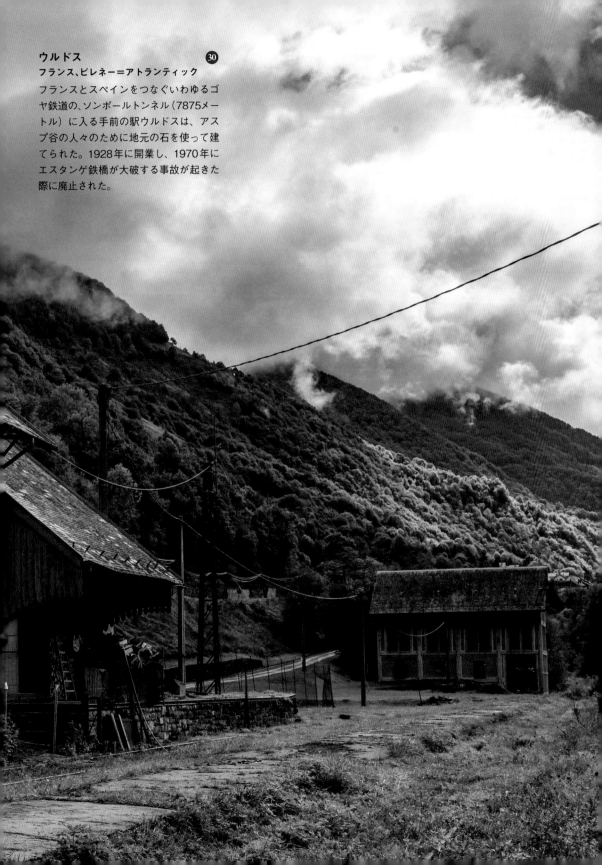

ウルドス

フランス、ピレネー＝アトランティック

フランスとスペインをつなぐいわゆるゴ
ヤ鉄道の、ソンポールトンネル（7875メー
トル）に入る手前の駅ウルドスは、アス
プ谷の人々のために地元の石を使って建
てられた。1928年に開業し、1970年に
エスタンゲ鉄橋が大破する事故が起きた
際に廃止された。

カンフランク

スペイン、アラゴン

ソンポールトンネルを出たスペイン側の
最初の駅。フランスの標準軌（1435ミリ）
の列車もスペインの広軌（1668ミリ）の
列車も、この巨大な国際駅で折り返して
いた。中継地としての機能は1928年に
始まり、1970年に終わりを迎えた（前ペー
ジのウルドス駅参照）。スペイン側では列
車はまだ走っているが、フランス側の線
路は半ば放置されている。現在、サラゴ
サからポーまで、路線を完全に修復する
という大きなプロジェクトが進行中だ。
この駅も高級ホテルに生まれ変わる予定
である。

カンフランク ㉛
スペイン、アラゴン

国力を示すために、輸送の規模にまっ
たく見合わない、豪華で壮大な駅舎
が建てられた。高級ホテルに改装さ
れる予定だが、2005年に撮られた
この写真には、手つかずのまま放置
されている様子が写っている。第二
次世界大戦中は国境の地の利を生か
し、ここでスパイが行われたり、中
立のはずのスペインとナチスドイツ
の間で秘密裏に行き来があったりし
たようだ。

右：
制限速度標識が、スペイン側のがれ
きの中に打ち捨てられている。

下：
軌間の異なる鉄道が乗り入れるとい
うことは、ほとんどの設備を倍にし
なければならず、カンフランクは二
つの駅の役割を果たしていたという
ことである。

ルンブラレス

スペイン、サラマンカ

この駅は1887年から廃止になる1985年まで、ポルトガルとスペインを結ぶバルカ・ダルバーラ・フエンテ・デ・サン・エステバン線沿線の人々に利用されていた。建物は窓枠、ドア枠だけが残っている状態だが、さびた線路を小さな「モトレイル」車で走るアクティビティーのおかげで、町は活気づいている。

左ページ上:
サンタフェ-アラマ ㉝
スペイン、アルメリア

1893年にリナレス - アルメリア線に開業し、今は廃駅となっている。1912年には、ここからルガルまでが、スペインで最初の電化区間となった。この駅で蒸気機関車と電気機関車が切り替えられた。重たい鉱物を積んだ列車を、急勾配でも電気の力で走らせるためだった。1918年にアルメリアまで電化され、機関車庫は閉鎖された。

左ページ下:
クラト ㉞
ポルトガル、ポルタレグレ

この駅の特徴は、青いタイルで「クラト」と名前を入れたモザイク模様のホームである。1863年に東線の駅として開業した。貨物輸送は行われているが、旅客列車は2012年から停車していない。

上と左:
旧ラゴス駅 ㉟
ポルトガル、ファーロ

アルガルベ線の終点で、1922年の開業時は欧州大陸で最西端の駅だった。2006年に廃止されて以来、荒らされてきたが、タイルや鉄の装飾の魅力は失われていない。新駅ができてからは売りに出され、雑草が生い茂る中にぽつんと建っている。

コルキアーノ
イタリア、ビテルボ県
ホームが一面でしっくい壁の典型的な田舎駅であるコルキアーノは、チビタベッキアーカプラーニカーオルテ線にあり、開業は1928年、廃止は1994年だった。当時のまま損傷も少なく、「セーブ・ザ・ステーション」運動が展開中である。

36

左ページ上:
旧ベオグラード本駅 ㊲
セルビア

1884年から2016年まで、この駅はベオグラードの交通の中心で、国際的な輸送も地域の輸送も扱っていた。第二次世界大戦中にひどく被害を受け、1953年に再建されている。1970年代には、1日に150本もの列車が発着していた。1990年代初めにユーゴスラビアが解体すると運行数は激減し、2016年までにほとんどの列車が新しい中央駅を使うようになった。2018年、この駅を最後の列車が発車した。

左ページ下:
ブコバル ㊳
クロアチア、ブコバル=スリィェム郡

ドナウ川に面したこの港町に鉄道が通ったのは1878年だった。バルカン諸国の鉄道網は1990年代の紛争や政治的分裂によって甚大な被害を受けた。1991年、ブコバルは包囲されたあとに占領され、多くの血が流された。破壊された駅舎はそのまま廃墟となり、現在は「ダーク・ツーリズム」のスポットとして観光客が訪れている。

上:
ボサンスキ・ブロド ㊴
ボスニア

ムーア様式のこの堂々たる駅舎は、760ミリ軌間のボサンスキ・ブロド－サラエボ線にあったが、1945年に連合国の爆撃で、南棟以外すべて破壊されてしまった。この線は1882年、オーストリア＝ハンガリー帝国の援助で完成したもの。駅は1897年に建てられ、内装も外装も豪華で素晴らしかった。駅舎の多くを失ったあとも、1969年まで営業を続けていた。

下:
プレンヤス ㊵
アルバニア、エルバサン州

廃車となった車両の列。ほとんどはチェコ製のT-669形かドイツやイタリア、オーストリアの鉄道から導入した中古車両だ。1990年以降に衰退したアルバニア鉄道の名残で、この廃駅に並べられている。エルバサンからプレンヤスへの線は1974年になってから建設され、1986年にはモンテネグロへも延びたが、今はもう使われていない。

ペロポネソス駅
ギリシア、アテネ
一見整頓されているようだがほこりが積もっている切符売り場。このピレウス‐ラリッサ‐ペロポネソス鉄道の中心駅の切符売り場は、すべての列車が隣のラリッサ駅へ移された1985年から使われていない。建てられたのは1884年から1889年の間で、三つのドームが1912年から1913年に増築されている。イスラムと西洋の折衷様式の建造物として保護されており、文化センターとして再利用しようという長期計画がある。

上：
打ち捨てられた駅 ㊷
ジョージア

ロシア鉄道の軌間1520ミリで敷設された線路が、ジョージアの廃駅の前を通っている。1990年にソビエト連邦が崩壊するまで、ジョージアはその一部だった。

下：
ビシェフラド駅 ㊸
チェコ共和国、プラハ

この駅ができる前にもプラハの西駅と本駅との間には古い駅（1874年開業）があったが、1901年からはこのアールヌーボー様式の駅が使われるようになった。しかしこの駅も1960年から閉鎖になり、2001年には記念物として登録された。2007年に個人が買い上げ、その後の所有者も市と合意に至らず、その間にも駅は老朽化していく。

右ページと次の見開き：
イシュトバンテレク整備場 ㊹
ハンガリー、ブダペスト

ブダペスト近郊にある、ハンガリー鉄道のイシュトバンテレク整備場横の荒れ果てた車庫は、地元では「機関車の墓場」と呼ばれている。機関車のみならず車両も置きっぱなしである。一般公開はされていないが、都市探検家や廃墟好きな写真家たちを引きつけてやまない。車庫は20世紀初めに建てられたもので、車両と同じくらい荒れ果てている。危険な場所もあり、立ち入り禁止になっている。

左:
ナクロ ㊺
スロベニア、ゴレンスカ地方

トルジッチとクラーニを結ぶ沿線に
あるこの村の駅は、1966年に廃止さ
れている。ナクロからクラーニまで
開通したのは、スロベニアがオース
トリア＝ハンガリー帝国の一部だっ
た1905年だ。その区間には手入れ
されていない線路が残っている。そ
のほかはみんな撤去されてしまった。

下:
トルクミツコ ㊻
ポーランド、エルブロンク郡

エルブロンクからブラニェボまでの
海沿いの路線は1899年に民営の鉄
道として開業した。トルクミツコか
らブラニェボまでの区間は2012年
に閉鎖され、残りの区間も2015年
から列車が走っていない。ビスワ潟
の港町トルクミツコは、この線にとっ
て重要な駅だった。

上：
ヤニブ駅　㊼
ウクライナ、チョルノービリ

1986年にチョルノービリで起きた原子力災害のあと、ヤニブは立ち入り禁止区域になり、建物や設備はそのままに職員たちは避難した。線路は1本残っているが、金属リサイクルに携わる労働者たちしかこの駅にはいない。

右：
バーシャフスキー駅　㊽
ロシア、サンクトペテルブルク

「ワルシャワ」駅は、ガッチナにある皇帝の宮殿まで鉄道が敷かれることから1851年に開設された。この線は1862年までに、ポーランドのワルシャワまで延伸している。駅は市の中心の南に位置し、2001年に廃止。メインの建物と車庫は、ショッピングセンターになっている。

前ページ:
バラタシビリ駅 ㊾
ジョージア、アブハジア、スフミ
北コーカサス鉄道は、旧ソ連鉄道によっ
て1930年から1949年までの間に建設さ
れた。スフミまで延びたのは1938年だ。
この駅は市の中心駅の東にあり、1993
年から廃駅となっている。駅舎は壮麗な
ボザール様式で建てられている。スター
リン主義の時代に公共の建物に好んで取
り入れられた様式だ。

上、右、右ページ:
サイルシャ駅 ㊿
ジョージア、アブハジア、ニューアトス
潟の上に建てられ、絵のように美しいサ
イルシャ駅は、柱やヤシの木とともにゆっ
くり静かに崩壊していく。1992年から
1993年に紛争が起こり、続いてアブハ
ジアがジョージアから独立を宣言し、交
通が遮断された。ここから近くのニュー
アトス修道院へつながる通路がある。電
化路線は、現在もスフミからロシアまで
通じている。

ハープサル

エストニア、レーネ県 🔵51

バルト海沿岸のリゾート地、ハープサルには1904年から支線が走っていた。旅客輸送は1995年に、貨物も2004年には廃止になった。駅は現在、博物館になっている。特徴は、216メートルあるホームの端まで屋根が設置されていること。展示されている機関車は1951年にロシアのコロムナ工場で製造された2-10-0。ドイツのクラウス＝マッファイによる1943年製の機関車も見ることができる。

72

中 東 ・ ア フ リ カ

MIDDLE EAST AND AFRICA

アフリカ大陸を初めて列車が走ったのは1852年のエジプトで、1960年代には多くの鉄道網が建設されていた。そのほとんどは、列強が石炭や鉱物を輸送するため、換金作物を運ぶため、また「問題」が発生したときに軍隊を素早く移動させることができるようにするためのものだった。線路はそれぞれの国が異なる軌間を使って敷き、それがアフリカ全土を覆う汎アフリカ鉄道の誕生を妨げる要因ともなっていた。20世紀に入ると、道路が整備され、航空輸送も発展したため、廃止される路線が増え

た。その結果、非常に多くの駅、特に人口の少ない国の駅が廃止となった。無人のまま放置されるか、解体される駅が大半ではあるが、とりわけ南アフリカでは文化遺産として保存されている駅もある。中東では、20世紀の紛争が鉄道網に大きな被害を与えた。シリアとサウジアラビアをつないだヒジャーズ鉄道や、レバノンを経由してトルコからイラクへ向かった鉄道のように、国際列車が不通となった。破壊されたり、放棄されたりした駅が、歴史を記憶するためのモニュメントとして残されている。

フリーズバーグ ㊿

南アフリカ、フリーステイト州

1987年までは、車窓の美しいブルームフォンテーン−ベツレヘム間を蒸気機関車が定期的に走っていた。現在この線はほとんど使われておらず、定期運行はまったくない。ブルームフォンテーンには貯水池があり、列車同士が行き違いをするためだけでなく、給水ポイントとしても重要な駅であった。今は穀物倉庫からの輸送はトラックが担っている。

ボサズヒル ㊾

南アフリカ、クワズール・ナタール州

ナタール政府鉄道がボサズヒルまで到達
したのが1879年。その後1900年頃から
は、木と鉄でできたそれまでの駅舎に代
わり、レンガ造りの新しい駅舎が使われ
るようになった。信号扱い所に、当初の
設備が残っている。また、配線図を見れば、
単線の列車交換駅だったことがわかる。
1990年代以降は建物の傷みが放置され
ている。

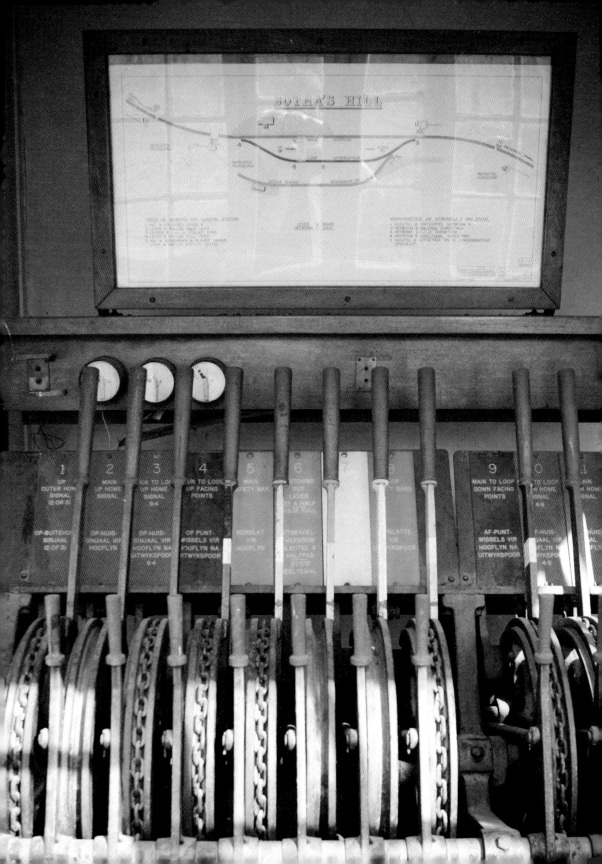

ドワルスブレイ
南アフリカ、東ケープ州

1898年、南アフリカ最初の紛争勃発の前夜、グラーフライネとミデルバーグの間の鉄道が開通した。そこには経済的意図と同じくらい軍事的な思惑が隠されていた（ケープからトランスバールまで、英国軍の輸送を容易にするためのもの）。建設と運行、どちらも困難なルートだった。グラーフライネとルーツベルクの間に993メートルも登らねばならず、結局全線開通は実現しなかった。運行されている区間もあるが、ドワルスブレイはもう長く放棄されている。

グラスプラッツ
ナミビア、カラス州

この辺りは1900年代初頭にダイヤモンド産地として知られ、短期間だが盛んに採掘が行われた。1908年にナミビア産の最初のダイヤモンドが掘り出された場所が、グラスプラッツなのである。駅は、内陸のアウスという集落から海沿いの町リューデリッツまでの廃線沿いにある。

ガルブ
ナミビア、カラス州

ガルブはグラスプラッツと同じ路線にあり、同じ造りの駅だ。ここには貴重な地下水源があるため、炭水車に水を補充するための頑丈なタンクがある。一本の枯れ木が、不毛な砂漠の風景をさらに寂しく見せている。

右と右ページ:
ダカール
57

セネガル

この駅は1885年から2009年まで、セネガルとニジェールを結ぶダカール・ニジェール鉄道の終点だった。現在は閉鎖されているが、ダカールの市街からブレーズ・ジャーニュ国際空港へ行く新しい線の発着駅として、外観はそのままに再建される。最初の区間は2023年に開通する見込みだ。

下:
ティエス **58**

セネガル

かつては活気のある接続駅だったが、今は4本あるホームのどれにも列車はやって来ない。2003年に民営化され、2017年にはセネガルの鉄道は衰退していた。植民地時代の鉄道には快適さがほとんどなかった。運賃は安くせざるを得ず、整備は不十分で、列車のスピードを上げることができなかった。快適さとは、特定の人種のみ享受できるものだったのである。

アンドラノコディトラ
マダガスカル

2004年の嵐で東海岸にあるリゾート村の駅舎は激しくダメージを受け、いまだに再建されていない。首都アンタナナリボから港町のトゥアマシナへ行く列車は停まらずに通過する。しかし民間の鉄道会社であるマダレイルが、週に一度ではあるが、村とトゥアマシナの間に列車を走らせている。

マッサワ
エリトリア

エリトリア独立戦争で、紅海沿岸の
マッサワから内陸にある標高約
2400メートルの首都アスマラまで
の、この驚くほど狭い軌間の鉄道が
破壊された。1887年に開業、1990
年代に戦争のダメージも修復した
が、時刻表に載るような列車は運行
されていない。走っているのは、年
代物の機関車やディーゼルカーを
使った貸し切りの臨時列車だけだ。

ディレ・ダワ
エチオピア

紅海沿岸を旅する恐れ知らずのツーリストたちに愛されたもう一本の鉄道が、ジプチ・エチオピア鉄道だ。ジプチの港から内陸にあるエチオピアの首都アディスアベバまで結んでいる。古いメーターゲージ（軌間が1000ミリの路線）の線路は、2017年に完成した新しい電化路線に実用性の面で負け、取って代わられた。しかし運用可能な区間がディレ・ダワの町の周辺に残っている。駅には、旧フランコ・エチオピア鉄道会社の看板がまだ掲げられている。

第6駅

スーダン

名前がなく、番号で呼ばれる駅は珍しいが、ヌビア
砂漠の真ん中、エジプトとの国境付近のワジ・ハル
ファとアトバラの間にある第6駅がそうだ。大きくは
ないがしっかりと茂っている木々が、地下に水があ
ることを示している。駅がここに作られたのは、お
そらくこの水の存在と、次の検問所までの距離が近
かったことが理由だろう。この区間が完成したのは
1897年から1898年。今はワジ・ハルファを通過す
る列車さえ、ごくたまにしか来ない。

旧オスマン帝国の駅
イスラエル、ベエルシェバ

現在は鉄道博物館になっているこの駅は、1915年に建てられた。英国の支配するスエズ運河を攻撃するためにドイツとトルコが鉄道を敷き、その沿線に軍の通信回線を敷設するという計画の一環だった。1917年に英国軍がベエルシェバに侵攻すると、そのシステムは英国の植民地支配に利用されるようになった。駅は1927年に閉鎖された。イスラエル建国後に、ベエルシェバへは新しい鉄道が敷かれた。この機関車は、英国製の2-8-0で、1940年から1945年の間に陸軍省のために製造されたものだ。

ヒジャーズ鉄道駅
ヨルダン、ムダウワラ

シリアのダマスカスからサウジアラビア
のメディナへと至るこの路線は、イスラ
ム教の巡礼者を運ぶため、1908年に建
設された。1914年から1918年の大戦で
破壊された区間があり、完全な形では再
開していない。線路が残っているところ
や廃駅が多く、その建築様式を見ること
ができる。機関車や車両が放置されてい
るところもある。

機関車庫 ⑥⑤
レバノン、トリポリ

たくましい機関車、1895年のドイツ製Ｇ7形0-8-0がトリポリ駅の荒れ果てた機関車庫の中に眠っている。下の写真に写っているのは1901年製のＧ8形だ。1918年に同盟国からシリアへ贈られたもので、駅が建てられたのは1911年だから、駅より長生きということになる。建物の多くは、内戦で破壊されてしまった。かつてはオリエント急行が到着していたこともある旧トリポリ駅は、レバノンに鉄道があったことを伝えるための博物館となる予定だ（現在、運行は停止中）。これらの廃墟は人々に過去の記憶を思い起こさせるものとして、ウエディングフォトの背景としても人気だという。

リヤク駅機関車修理工場
レバノン

外壁まですっかり崩れ落ち、廃墟になった車輪修理の作業場。ここが昔は機関車の修理や整備もできる大きな乗換駅だったことがうかがえる。リヤクの鉄道は一時期、シリアやパレスチナ、イラクまで延びていた。

アジア・太平洋

ASIA AND THE PACIFIC

19 世紀のアジア・太平洋地域は、とにかく英国などヨーロッパの真似をすることで鉄道開発を進めていた。今では、日本が高速列車に関する技術で世界をリードし、最速クラスの都市間鉄道を持っている。また、中国では鉄道が鉱業のめざましい成長を支え続けている。新しい高速鉄道の実現が、古い長距離鉄道と沿線の駅を廃止に追いやった。それだけでなく、近代化のスピードが速すぎて、建てたばかりなのに使われず、放置されている駅もある。新しいものと古いものが並び、印象的な景観を作り出している場所も多い。それは特に、長い歴史を持つ巨大な鉄道網を持つインドでよく見られる。

この章では、かつて賑わっていた古い駅をいくつも紹介する。たとえば、ジャワ島で最初に開業した駅や、インドの太守のプライベートな駅。日本とオーストラリアの駅を見れば、炭鉱街の歴史がよくわかる。韓国には文学や映画と関係の深い駅があり、インドには鉄道会社ではなく乗客や乗務員が捨てたという駅まである。ニュージーランドでは、定期の都市間旅客列車は走っていないが、田舎には素晴らしい景色の見られる保存鉄道があり、長く放棄されていた駅の前を古い機関車が走っている。

ベグンコダール
67
インド、西ベンガル

インド南東部鉄道プルリア‐ムリ間の電車線路の横を、昔ながらの乗り物でのんびり行くベグンコダールの人々。ここの駅は比較的新しく、周囲の村々の利用を見込んで1960年に開業した。しかし、鉄道会社ではなく、駅員や住民に「見捨てられた」という変わった歴史がある。

上と左：

ベグンコダール ⑰
インド、西ベンガル

正式には閉鎖されていないが、この線路
脇の駅には幽霊が出て駅員が逃げだし、
利用者もいなくなったと伝えられている。
1960年代に駅長と妻がここで殺されたか
らだという。ほかに理由があるとすれば、
村から遠いこと、あるいはもしかすると、
村人たちが「ゴーストツーリズム」に乗っ
かってやろうと結束しているのかもしれ
ない。そんなうわさにお構いなしに、列
車は停まり、無人のまま駅は開いている。

上：
ランプル ⑱
インド、ウッタルプラデーシュ

ランプル連絡駅にある、華麗で開放的な
造りだが草木が伸びて荒れ放題のこの建
物は、ランプルの太守ラザ・アリ・カー
ンの所有する私的な駅だった。ランプル
駅には広いホームが1面あり、そこに彼の
列車の車両も停まる。1966年に太守が死
ぬと遺産相続争いが長引き、建物も車両
も劣化するまま何十年も放置されている。

右：
バウン駅 ⑲
パキスタン、パトワール地区、チャクワル

マンドラからバウンまでの75キロを結ぶ
この鉄道は、1916年に完成し1993年に
廃止になり、その後撤去された。この堂々
とした駅舎はチャクワル市の12キロ南に
あり、備品などはなにも残っていない状
態で、ますます荒廃が進んでいる。社会的、
経済的価値を「再発見」しようと、この
路線も例に漏れず、復活を望む声が上がっ
ている。

前ページ、右、下、右ページ下：
亦荘駅 ⑩
えきそう
中国、北京、通州区

北京の南東側に 2020 年に開業した地下
鉄亦荘線（ほとんど地上を走っている）
の終点である亦荘駅は、北京と天津を結
ぶ京津都市間鉄道への乗換駅としても開
業する予定だったが、2022 年始めの時点
でまだ実現していない。駅舎は完成して
いるようで、案内標識などもすでに設置
済みだ。

右：
天津西駅
中国

天津は北京の約130キロ南に位置し、人口およそ1400万人、中国で3番目に大きな都市である。昔からある天津西駅は1908〜1910年に建てられ、装飾の施された正面玄関やマンサードルーフ（二重勾配の屋根）、時計付きのキューポラなど、フランスの城のような造りになっている。現在は、24の乗り場を持つ、モダンなデザインの新たな天津西駅に取って代わられた。どちらの駅も、ドイツの建築家が設計したものだ。

金華旧駅
中国、浙江省

金華は、上海 - 昆明を結ぶ鉄道の重要な
連絡駅だ。旧駅舎が開業したのは1932
年。草が伸び放題のこのホームはその一
部であるとみられるが、1996年に廃止
されている。その後、金華の鉄道開発は
盛んになった。2010年辺りまで貨物輸送
に使われていたようだが、旧駅舎がどの
程度残っているかはっきりしない。

左上：
臨陂駅 ⑦

韓国、全羅北道、群山市

かつて存在した群山線のこの駅は、1912年に内陸の主な鉄道と群山市の港を結ぶために開業した。2008年、韓国鉄道公社の新しい路線が完成した。臨陂のような魅力的な駅がいくつもあった古い路線は廃止になった。修復された駅舎には蝋人形が置かれ、昔ながらの村の駅がどのようであったかを伝えている。

左下：
書道旧駅 ⑦

韓国、全羅北道、南原

伝統的な瓦屋根にしっくい塗りの建物は1932年に建てられたもので、崔明姫の小説『ホンブル（魂の火）』とNetflixのドラマ『ミスター・サンシャイン』に登場することで知られている。この駅は、この地域の鉄道が再構築された2002年に廃止され、今は新しい書道駅が利用されている。

下と次ページ：
唐松 ⑦

日本、北海道

線路はもう残っていないのに、唐松駅を訪れる人がいる。1929年に建てられ、幌内線の廃止に伴い廃駅となったが、地元の有志の努力によって、空知地方の今はもうない炭鉱と鉄道の歴史の資料館として再生した。将棋の駒のような形をした納屋風の屋根が特徴だ。中に入ると、切符売り場の周りに、かつての炭鉱の町の賑わいと人々の暮らしぶりが展示されている。鉱員たち、家族、風景などの写真、催し物のチラシなど。がらんとした待合室と当時のままの蛍光灯に、地元の人たちが主導する活動の良さが表れている。

熊ノ平

日本、群馬県

碓氷峠のこの駅は、今はなき信越本線横
川－軽井沢間にあった。この線は1893
年に開業し、1912年には電化されていた。
そして新幹線に取って代わられるまで
104年間利用された。この大きな変電所
は、急勾配の上り坂でも電力で列車を走
らせるために、そして山を下りる間、回
生制動から電力を吸収するために必要な
施設だった。

大神駅

日本、東京、五日市線

東京都昭島市の大神駅跡地には、ボギー台車がモニュメントとして置かれている。旧五日市鉄道は 1925 年に開業、そして 1944 年に列車は別の路線を走ることになり廃止となった。

グア・ムサン
マレーシア、クランタン 78

マンゴーの木やバナナヤシが影を落とす、グア・ムサン旧駅近辺の建物や標識。ここは、石灰岩の丘陵地帯を走る東海岸鉄道の分岐・交差駅だった。旧駅は板で塞がれているが、操車場は貨物列車が利用することもある。大がかりな都市開発の一環で、ここから南へ500メートルのところに新しい駅が建てられた。

ブキ・ティマ旧駅
シンガポール

最初のブキ・ティマ駅は1903年に開業し、シンガポール初の鉄道であるシンガポール・クランジ鉄道の駅だった。その後、シンガポールはインフラを整備し、1932年には鉄道が再編成された。現在の旧駅はそのときに建てられたものだ。路線は2011年に廃止。ブキ・ティマは唯一残る駅として保存され、廃線跡を歩く遊歩道「レール・コリドー」の一部になっている。

スマラン・グダン駅
インドネシア、ジャワ州

インドネシアの最も古い鉄道は、当時の宗主国オランダが設立した蘭印鉄道会社によって、スマランからタングンまで建設された。その終着駅はよく浸水するため、半ば忘れ去られ、荒れ果て、1914年以降は旅客輸送をやめている。しかし、貨物駅としては使用されているため、新しい市内の駅と区別するよう名称をスマラン・グダン駅と改めた。ちょくちょく水浸しになるので修復作業は難航している。

バタン

インドネシア、ジャワ州

ジャワ島北海岸の線路沿いにあるこ
の建物には花や植木鉢が置かれ、き
ちんとした外観から廃駅であるよう
にはとても見えない。しかし、都市
間急行や貨物列車はやって来ても、
停まることはない。1899 年には、バ
タンを通りチルボンからスマランま
で行く鉄道が開通していた。オラン
ダ風の建物は当時のままインドネシ
ア国営鉄道によって所有、維持され
ているが、停車駅として使用されて
はいない。

次ページ:

ヘレンズバラ

オーストラリア、
ニューサウスウェールズ州

ヘレンズバラの旧駅はイラワラ鉄道
の単線区間のトンネルとトンネルの
間にあり、1889 年に建てられた。し
かし炭鉱地域で傾斜がきつく、トン
ネル内は空気が悪かった。その解消
のため、1914 年から 1920 年の間
に迂回する路線が建設された。1915
年には、その線に新しい駅が完成し、
旧駅は廃止になった。今は、大部分
が自然に埋もれている。

右：
ジンカンビリー

(83)

オーストラリア、ニューサウスウェールズ州

ニューサウスウェールズ南部のボンバラ支線の建設は 1884 年に始まり、完成は1921 年。ジンカンビリーを含む最後の区間が開通した。この小さな駅にも、待合室や短いホーム、家畜を積み降ろすための側線など、最小限のものはそろっている。旅客輸送は1988 年に、貨物は1989年に廃止された。

下：
レオンガサ

(84)

オーストラリア、ビクトリア州

1891 年に鉄道が敷かれ、林業や農業に従事する者しか住んでいなかったこの地に繁栄の時代が訪れた。しかし、1980 年代からは良いことばかりではなくなった。廃止と復活を２度繰り返し、結局、1993年に廃止となっている。だが線路に草がはびこるなか、いまだに再開や延伸の計画が検討されている。

左：

トラワラ ⑧⑤

オーストラリア、ビクトリア州

バララットからアララットまでの鉄道は
1875年に完成した。人口の少ないのど
かなこの地を走る路線の駅舎は、木造の
簡素なものだった。トラワラ駅は1981
年に、ほかの駅と共に廃止された。この
区間は1995年に廃止になったが、マレー・
ダーリング盆地の路線網が再編成された
2004年に再開している。蒸気機関車が
停まっていた交換設備は撤去され、今は
その跡地の横を電気式ディーゼル機関車
がスピードを上げて通り過ぎる。

下：

ラグラン ⑧⑥

オーストラリア、ニューサウスウェールズ州

1873年に建てられたラグランの最初の駅
は、急な坂のてっぺんに建てられていて
危険だったため、1890年にこの島式ホー
ムを持つ駅に代えられた。オーストラリア
のほとんどの駅がそうであるように、トタ
ン屋根の標準的な造りである（この駅は
9型）。貴重な遺産として登録されている
この駅は、ある程度メンテナンスが行わ
れてきた。また、住民の利用や、観光名
所にするための修復も予定されている。

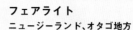

フェアライト
ニュージーランド、オタゴ地方

インバーカーギル‐キングストン線の終
点から一つ手前の駅、フェアライトは
1878年に開業した。定期運行は1937年
まで。「キングストン・フライヤー」とい
う臨時の観光蒸気機関車が1957年まで
走っていた。1982年になると、再び「キ
ングストン・フライヤー」がフェアライ
ト‐キングストン間を時折走るようになっ
たが、それ以外の支線は撤去された。現
在の駅舎は1920年頃オハイ支線のオタ
ウタウに建てられ、1996年にここに移
設されたものだ。

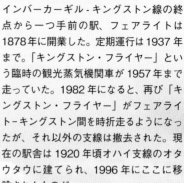

フロッグ・ロック
ニュージーランド、カンタベリー地方

1882 年に開通した南島のワイパラーワイ
カリ間の鉄道は、1939 年に旅客サービ
スをやめ、1978 年に廃線になっている。
しかし特に風光明媚な区間は保存され、
ウェカパス鉄道という名で、年代物の機
関車を走らせている。フロッグ・ロックと
いう駅名は、すぐ近くのカエルの形の岩
にちなんでつけられたもの。実際は駅で
はなく鉄道作業員のための停車場だった
らしい。

北アメリカ

NORTH AMERICA

北アメリカの廃駅も、ほかの地域と同じように多種多様である。違いは、大都市のターミナル駅でさえ使われなくなっているということだろう。長距離輸送ビジネスとして米国の鉄道が全盛だった時代、鉄道会社は競って街の中央に堂々とした大きな駅を建設した。それは、増え続ける旅行者に対応するためでもあったが、会社の威信を示す目的もあった。

1950年代から60年代にかけて国内の航空輸送が発展すると、合併や破綻を余儀なくされる鉄道会社が増えた。そのような鉄道に大きなターミナル駅はだんだんと不要になり、その巨大さを持てあますようになった。そして、特に西部の人口の少ない町には、簡素な下見板張り（少しずつ重ねる板の張り方）の造りの駅が、線路もない草ぼうぼうの廃線跡に残されている。そのような「ゴーストタウン」の駅を見ていると、昔の景色や住民の思い描いていた夢がぼんやりと浮かんでくるようだ。

しかし、廃駅に関していえば、状況は変わりつつある。自らの歴史に強い関心を寄せる町が増え、たとえ廃止になったり使われなくなったりしていたとしても、駅は町の開発や発展の鍵になると考えられるようになった。長く放置されていた建物が、どんどん修理され、保存されていく。これから紹介する駅には、すでにこぎれいな店やレストラン、博物館、コミュニティーセンターなどに変身しているものもある

ニューリスカード　　　　　　　　　　89
カナダ、オンタリオ州
ノースベイ - ムースニー間を行くオンタリオ・ノースランド鉄道の列車は、リスカード駅には停まらない。レンガ造りの駅舎は、鉄道が開通した1905年に建てられた。もともとこの路線はレイク・ニシピング＆ジェームス・ベイ鉄道として計画されていたが、1902年にチミスカミング＆ノーザン・オンタリオ鉄道として建設され、1946年にオンタリオ・ノースランド鉄道と名前を変えたものだ。駅は2012年に廃止になり、今は貨物列車が通過するのみである。

インガーソル旧駅舎
カナダ、オンタリオ州、オックスフォード郡
1886年、グレート・ウェスタン鉄道がイ
ンガーソルにゴシック様式のレンガ造り
の駅舎を建てた。1920年には、カナディ
アン・ナショナル鉄道の所有に移った。
1979年、ビア鉄道が旅客輸送を引き継
いだときに、この駅は廃止。板を打ち付
けられ、荒廃するままに放置されていた。
地元の文化財として登録されたにもかか
わらず、2020年に取り壊された。

左上：
アーネスタウン (91)
カナダ、オンタリオ州

1855～56年にグランド・トランク鉄道の標準的な仕様で建てられたアーネスタウン駅は、現存するカナダで最も古い駅舎の一つで、1992年に地域の遺産に登録されている。イタリア風の石組みはまだしっかりしているが、どこにも保存を任せていないため、内部は荒廃している。

左下：
ベグレビル (92)
カナダ、アルバータ州

ナショナル・トランスコンチネンタル鉄道のこの駅の開業は1905年。現在の建物が完成したのは1930年だった。化粧しっくいの壁と寄棟屋根（4方向に傾斜する屋根）を持ち、大きなひさしをL字のブラケットが支えるという、ほかの駅と同じような造りで建てられている。1階はチケット売り場や電報取り扱い窓口、トイレ、婦人用待合室、喫煙所などがしつらえてあり、上の階は住居になっていた。列車がこの駅に停車していたのは1978年までだった。

右上：
コートニー (93)
カナダ、ブリティッシュコロンビア州

1914年にエスキマルト・ナナイモバレー鉄道（1905年からカナダ太平洋鉄道が所有）が建てたときには、コモックス・バレー線の途中の駅になる予定だったが、コートニーより先まで線路が延伸されることはなく、結局ここが終着駅となった。上の階は乗務員が宿泊できるようになっている。旅客、貨物共に2011年に廃止された。

右下：
ボストンバー (94)
カナダ、ブリティッシュコロンビア州

カナディアン・ナショナル鉄道が1914年に建設し、1994年に線路から離れた場所に移設された。劣化しているが、休憩所や博物館に利用するため、修復計画が進行中である。また、幽霊が出るといううわさもある。

前の見開き：
ポムフレット駅
米国、コネチカット州

この柱と屋根だけの開放的な休憩所が建っているのは、1872年にエア・ライン鉄道が駅を設けた場所だ。駅は何度か建て替えられ、この休憩所の屋根は、1960年中頃に鉄道と共に廃止になりその後焼失した最後の駅の屋根をモデルにしている。

左：
ポート・ジャービス
米国、ニューヨーク州

1847年にニューヨーク＆エリー鉄道がポート・ジャービスまで延び、この大きな駅舎は1892年に完成、1912年には増築されている。デラウェアのエリー鉄道では最大の駅で、その大きさを見れば、自動車が台頭する以前に小鉱業都市にとって鉄道がいかに重要だったかがわかる。ここからの旅客輸送は1970年に終わっている。その数十年後に、この独特なたたずまいの建物は商業センターへと生まれ変わった。

アコード駅
米国、ニューヨーク州、アルスター郡
1866年から、複数の鉄道会社がキャッツキルに乗り入れるようになった。駅舎は、ほとんどが木造だった。ニューヨーク・オンタリオ＆ウェスタン鉄道キングストン支線にある、このアコード駅は、1902年に開業。路線は1958年に廃止。駅舎は修理され、現在は個人の家として使用されている。

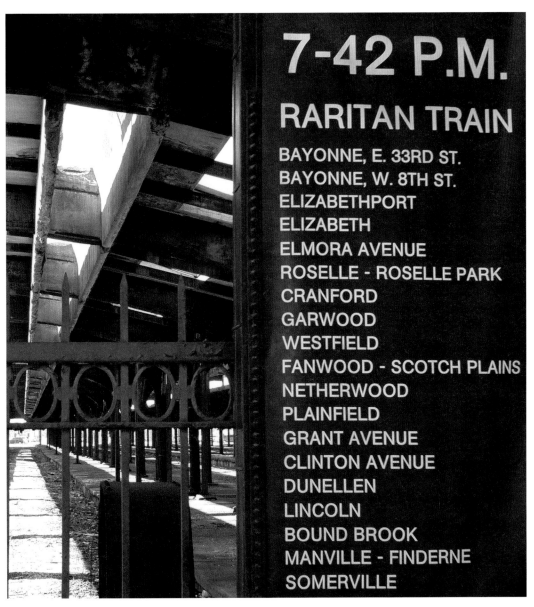

7-42 P.M.

RARITAN TRAIN

BAYONNE, E. 33RD ST.
BAYONNE, W. 8TH ST.
ELIZABETHPORT
ELIZABETH
ELMORA AVENUE
ROSELLE - ROSELLE PARK
CRANFORD
GARWOOD
WESTFIELD
FANWOOD - SCOTCH PLAINS
NETHERWOOD
PLAINFIELD
GRANT AVENUE
CLINTON AVENUE
DUNELLEN
LINCOLN
BOUND BROOK
MANVILLE - FINDERNE
SOMERVILLE

左、上、次ページ：
ジャージーシティ・ターミナル ❾❽
米国、ニュージャージー州、リバティ州立公園

主要ターミナルの中ではめずらしく、この巨大な駅は、元は
米国へ入国した移民のためのものだった。1889年、手狭だっ
たそれまでの駅に代わり、エリス島と自由の女神を望むこの
場所に建てられた。営業は、1967年まで。駅舎は改修後に
観光案内所になり、線路は撤去されているが、50年以上前
からあるホームは、屋根や鉄製の装飾もそのままだ。
列車の姿が消えて久しいが、メインホールにはきれいになっ
た行き先表示板が掲げられている。

前の見開きと、この見開き：

セントラル駅 ㊾

米国、ニューヨーク州、バッファロー

九つの鉄道会社がバッファローに乗り入れていたが、「20世紀特急」や「エンパイア・ステート・エクスプレス」など、運行のほとんどを担っていたのはニューヨーク・セントラル鉄道だった。この駅は終点ではなく、ニューヨーク‐シカゴ間の途中の駅になっていた。エリエル・サーリネンが建設したアールヌーボー様式のヘルシンキの駅をまねて、造りは豪華である。

あいにく市の中央というわけでなく、当初見込まれていた利用客数に届くことはなかった。1929年に開業し、50年後には廃止。荒れ放題になっていたところ、1997年に保存団体が救いの手を差し伸べ、今も活用する方法を模索している。

放置されていた間に、設備などが盗まれたり壊されたりしてきた。しかし、この長いアーチ型通路のレンガ造りの壁の素晴らしさは、落書きした程度では隠しきれない（154ページ下）。少しずつ修繕が行われているが、資金は限られており、なかなか進まないのが現状だ。

パリス
米国、ケンタッキー州、バーボン郡

あとから建てた日よけがやけに目立つパリス駅は、ルイビル＆ナッシュビル鉄道によって1882年に開業した。最後の旅客列車が訪れたのは、1968年だ。人気のない駅の前の線路は、トランスケンタッキー・トランスポーテーション鉄道の貨物用である。この写真が撮られたあと、建物は改修され、今はレストランとバーボン・バーになっている。

ビューロー・ジャンクション
米国、イリノイ州、ビューロー郡

ここで、ピオリア＆ロックアイランド線はシカゴ－ロックアイランド本線から分岐して、ピオリアへ向かう。この支線が1871年に開業してから、村は、転車台付きの機関車庫や、宿泊施設と食堂もある駅舎を建て、鉄道員たちを支えていた。現在は、下見板張りの駅舎だけが残っている。

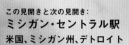

この見開きと次の見開き:
ミシガン・セントラル駅
米国、ミシガン州、デトロイト

ミシガン・セントラル鉄道が建設し、所有していたこの駅は、<image-sentinel><image-sentinel>1914年に開業し1988年に廃止されるまで、デトロイトの交通の中心だった。その頃のほかの大都市と同様、駅はボザール様式で設計されている。13階分のオフィスフロアがあり、当時、世界で最も高い駅ビルだった。30年放置されたあと、フォードがこの古い駅を買収した。荒廃した街に新しい「ミシガン・センター」を作り、その中心とする予定である。

ユニオン駅　　　　　　　　　　　(103)

米国、インディアナ州、ゲーリー

ゲーリーのクラシカルな駅（石作り
に見えるが刻みを入れたコンクリー
ト）は、レークショア＆ミシガン・
サザン鉄道とバルチモア ＆ オハイ
オ鉄道によって1910年に建てられ、
ゲーリーの最も優れた建物の一つと
して今も残っている。だが、内部は
ひどく破損している。1950年後半
に廃止され、ずっと放置されていた
が、2018年にたった10ドルでリノ
ベーションの団体に売却された。

ユニオン駅

米国、ミズーリ州、ジョプリン

開業は1911年。今は使われていない
この駅にも、かつては複数の鉄道会
社が乗り入れていた。建設には鉱業
廃棄物を混ぜ込んだコンクリートを
使っている。1969年に廃駅になっ
たが、米国国家歴史登録財に指定さ
れている。

ポンカ・シティ
米国、オクラホマ州、ケイ郡

ニュー・ポンカの駅は、クロスという近
くの町から「盗んだ」という話がある。
駅といっても1両の有蓋車（箱形の貨車）
だった。結局、その"駅"は元の場所に
戻され、ここにはアッチソン・トピカ＆
サンタフェ鉄道が1911年に、きちんとし
た駅を建てた。スパニッシュ・ミッション・
リバイバル様式の建物だったが、1945
年に大幅に改築された。2000年に廃止。
現在、線路は貨物鉄道会社のBNSFが所
有している。

サンタフェ鉄道工場 ⓾⓺
米国、ニューメキシコ州、アルバカーキ

アルバカーキはサンタフェ鉄道の第
一の拠点だった。大規模な工場があ
り、1980年代前半まで、たくさん
の蒸気機関車やディーゼル電気機関
車の点検を行っていた。正面が現代
風なこの工場を含め建物のほとんど
が、1915年から1925年の間に建て
られた年代物である。

ライオライト
米国、ネバダ州、ナイ郡

107

1904年から1914年まで、短い期間
ではあったがライオライトは炭鉱の
町として賑わった。1906年には、ラ
スベガス＆トノパー鉄道がラスベガ
スまで線路を敷き、カリフォルニア・
ミッション様式の格好の良い駅舎を
建てた。1914年に炭鉱は閉山し、
1919年にはもう人が住まなくなって
いた。駅舎には一時期カジノやバー
が入り、その後「ゴーストタウン」
を見にくる観光客相手の記念館と土
産物屋になった。それも今ではフェ
ンスが張り巡らされ、立ち入り禁止
になっている。
この写真はライオライトの木製の信
号柱。三つの鉄道会社が乗り入れて
いたこともある。タイドウォーター
＆トノパー鉄道とブルフロッグ＆
ゴールドフィールド鉄道、それにラ
スベガス＆トノパー鉄道だ。1907
年には、豪華なプルマン製の列車も
この町とラスベガスとの間を毎日
走っていた。

右：
ゴールドフィールド　⑩
米国、ネバダ州、エスメラルダ郡

トノパー＆ゴールドフィールド鉄道が
ゴールドフィールドまで線路を敷いたの
は1905年。ほかの炭鉱の町がすぐに姿
を消していくなか、ここの駅と線路は比
較的長く残っていた。それでも1947年、
とうとう幕が下ろされた。
この地下道の入り口は駅へ続くように見
えるが、ゴールドフィールドの駅には地
下道の跡がない。もしかすると映画のセッ
トだったのかもしれない。この町ではた
くさんの映画のロケがあったのだ。

次の見開き（2枚）：
アンチョ駅　⑩
米国、ニューメキシコ州、リンカーン郡

1901年にエルパソ＆ノースイースタン鉄
道がここに駅を建てた。近くで石こうが
産出され、れんが工場ができ、町が発展
した。しかし、1950年代には斜陽に転じ
ていった。駅は1959年に廃止され、60
年代にはしばらく博物館になっていた。
今はもう線路もなくなり、駅舎はあるが
使用されていない。

綿花畑
米国、テキサス西部

珍しい余生を送る廃駅もある。鉄道ファ
ンの所有するサンタフェ鉄道の車掌車が
2両、テキサス州ラボック近郊のハイウ
エー沿いの綿花畑に、短い線路と共に置
かれている。木造の駅は、同州のホワイ
トフェースから1980年代に廃止になって
いたものを移築したものだ。そして2011
年に、ウルフォースのウェストテキサス
＆ラボック鉄道の事務所に再び移築され
ている。

ラブランド
米国、コロラド州、ラリマー郡

ラブランドの最初の駅は1878年にコロラド・セントラル鉄道が建てた。1902年には、グレート・ウェスタン砂糖会社がイートンからラブランドを通ってロングモントへ至る独自の鉄道を敷いた。その線はまだ生きていて、オムニトラックスが所有している。しかし、この写真のラブランドの駅は1972年から旅客サービスをやめ、1980年代半ばには完全に営業を終了している。打ち捨てられた建物を救おうというキャンペーンが進行中である。

クロライド
米国、アリゾナ州、モハーベ郡

町の名前は採掘していた塩化銀（銀クロリド）に由来し、人の住む鉱山の町としてはアリゾナ州で最も古い。1898年にサンタフェ鉄道がキングマンからここまで鉄道を敷いた。鉱山が衰退し、大恐慌が追い打ちをかける1935年まで、列車は走っていた。実継ぎ（木材に凹凸を付けて組み合わせる接合方法）の木造の駅は、屋根がトタンに代えられ、板が打ち付けられてはいるが、当時のまま残されている。

この見開きと前の見開き：

16番ストリート駅 ②

米国、カリフォルニア州

サザン・パシフィック鉄道の、この堂々とした駅は1912年に開業し、大陸横断鉄道の西の終点だった。1916年から1939年まで、高架（前の見開き）の上をイースト・ベイ電気鉄道のインターアーバンが走っていたが、ベイブリッジの鉄道路線の開通に伴い運行は終了した。

左：
よくある廃駅とは違い、ホールはきれいに保たれ、私的な催しに利用されている。見所は、ボザール様式の鉄製の装飾や石こう細工などだ。

上：
駅の正面。1989年のロマ・プリータ地震で被害を受け、1994年には、すべての列車の運行が終了した。2005年からは、地元の会社と活動グループが開発プロジェクトを進めている。

右：
線路や側線へのアクセスを制御する信号所は、しっかりしたコンクリートの土台の上に建っている。全盛期には、カリフォルニア・ゼファーやコースト・スターライトなどの華やかな急行列車がこの前を通過していった。

左：
キーラー
米国、カリフォルニア州、インヨー郡

カーソン＆コロラド鉄道は914ミリ
という狭い軌道の路線で、キーラー
はその南の終着駅だ。1883年に開
業、1960年に廃止された。当初は、
近くの鉱山で産出された銀や亜鉛を
運ぶための鉄道で、客車は貨物車に
連結される形だった。この辺りでは
古い客車を住居として使っている人
もいる。線路は1961年に撤去され
たが、木造の駅は残っている。

次ページ：
ラ・ケマーダ ⑭
メキシコ、サカテカス州

ラ・ケマーダの遺跡群の近くにある
この駅の建物はほとんど残っていな
い。サザン・パシフィック鉄道メキ
シコ線グアダラハラ - ノガレス間は、
1951年にメキシコ政府に売却されて
いる。駅が開業したのは1927年だ
が、いつ廃止になったのかは記録が
ない。定期の旅客サービスは20世
紀半ばには終わっていたようだ。

中南米・カリブ海

LATIN AMERICA AND CARIBBEAN

ブラジルのアシスでは、1875年に開業した市民の自慢の駅が100年後にはまったく使われず、老朽化が進み、廃墟と化していた。壁は落書きだらけで、危険な場所と見なされた。2022年には、速くて効率の良い新型列車を迎えるため、新しい駅への改築が始まっている。同じようなことが南米大陸のあちこちで見られる。19世紀から20世紀初頭まで、どの国も、開発を推し進めるために鉄道を敷いた。しかし、その役割は道路に取って代わられ、20世紀が終わる頃には、南米の鉄道はどこを見てもひどい有様になっていた。近代化されることもなく、何年も放置されている。

しかし今、鉄道は価値のある資産として見直されている。それは、一つには社会の変化のため。

市街地に住み、都心に出るのにより便利な交通を必要とする人が増えている。もう一つには、現代の鉄道はエネルギー効率が良く、渋滞することもある道路より環境に優しいと考えられているためだ。

エクアドルの発展には学ぶべき点が多い。近代化と同時に古いものの修復も行い、社会インフラを強化するだけでなく、観光資源として年代物の蒸気機関車を走らせ、成功している。

とはいえ、使われなくなった鉄道は、ほぼそのままの状態で放っておくのが南米のやり方だ。いつか再利用する日が来ることを期待して、そうしているようにも見える。ヨーロッパほどスクラップ工場がないということももちろんある。

カルデナス

(115)

キューバ、マタンサス州

塔は教会のもののようにも見えるが、昔は旅行者のために時計が付いていた。キューバの鉄道は、中国の援助で完成した近代的な路線と列車が少しだけ。あとは19世紀に敷いた、味わいはあるがボロボロに劣化した線路がほとんどだ。それらの線には、毎日1回とか週に2回ほどしか列車が走らない。全く使われなくなった線もある。

セバージョス
エクアドル、トゥングラワ県

2010年からエクアドルでは、古い鉄道を修復し近代化を進めてきた。現在、首都のキトからドゥランへ向かう直通列車はセバージョスを通過するため、この古い駅は博物館になっている。修復を終えた鉄道には磨かれた古い蒸気機関車も走り、観光客を喜ばせている。

左ページ：
アリカ ⑰
チリ

1904年開業の、チリの港湾都市アリカからボリビアの首都ラパスに至る440キロの鉄道が、ここ20年ほど運行休止になっている。標高4257メートルという、世界でも有数の高山鉄道である。現在、メーターゲージの線路の改良復旧工事が進められている。そのうち、アリカのこの古い寝台車に代わり、新型車両が高い山々を越えていくのだろう。

右上：
ティワナク ⑱
ボリビア

標高3870メートル、チチカカ湖の近くにあるティワナクは、インカ帝国よりも前に町があった場所で、コロンブス以前の時代の貴重な遺跡を観ることができる。ここは廃駅ではあるが、駅舎はトタンを屋根に張った状態で残されており、エル・アルトからティワナクの遺跡の横を通りチチカカ湖のほとりの町グアキまで、観光列車が毎月運行されている。

右下と次ページ：
バケダーノ ⑲
チリ、アントファガスタ

軍人の名前が由来のバケダーノ駅に、この門が建てられたのは、開業よりずっとあとの1901年だ。その頃には南米の内陸から路線が集まり、大きな分岐駅となっていた。この駅と機関区を見れば、その規模がわかるだろう。アントファガスタから75キロ離れたところに位置し、ほかの地域のように、運行が再開している線もある。

左：

バケダーノ ⑲
チリ、アントファガスタ

蒸気機関車に給水は必須。できれば真水がいい。塩や化学物質などは高価なボイラーの寿命を縮めてしまうからだ。ヨーロッパのメーカーは、写真のような昔ながらのものはもちろん、さまざまなタイプの給水塔が掲載されているカタログを送ってきた。現地で組み立てられたタンクは、どこか素朴に見える。

下：

ビニェード ⑳
ブラジル、サンパウロ州

パウリスタ鉄道会社は1872年の設立当初はもちろん、線路が電化されてからもビニェード地域の開発の主力だった。その後、道路建設が盛んになると鉄道は衰退し、ついに廃線となった。途切れた線路や巨大な駅が廃墟となって残っている。

キパパ駅

ブラジル、ペルナンブコ州

この駅は、ブラジルが北東部開発に沸いていた1885年に開業。標高427メートル。海岸沿いのレシフェから内陸へ向かう本線より分岐し、南下する支線にあった。支線は長距離だったために維持が難しく、2020年に廃止となった。

アシス旧鉄道駅
ブラジル、サンパウロ州

122

この味わいのある写真は旧駅のもの
だ。古い線路は撤去され、便利だっ
た日よけ（柱は線路の再利用）はた
だの思い出にされる。長く閉鎖され
ていたアシスの旧駅には、テルミナ
ル・ウルバーノ（都市型ターミナル）
としての新しい歴史が始まろうとし
ている。速くて近代的な列車が発着
するようになるのだ。過去に敬意を
表し、元の建物はできるかぎり新し
いターミナルに残す予定である。

マッタ・デ・サン・ジョアン
ブラジル、バイア州

空っぽの給水塔、草に覆われた側線、さびた線路と朽ちゆく枕木が、この地に駅と操車場があったことを教えてくれる。ここは、バイア州都サルバドールから60キロ北のリゾート地だ。駅舎は放火されたかのように見える。廃墟になった駅は、標的にされやすいのである。

コロニア・デル・サクラメント ⑫
ウルグアイ

ウルグアイのモンテビデオ－コロニア鉄道の終着駅コロニアは、1901年に開業。ここからフェリーでアルゼンチンのブエノスアイレスへ向かうことができる。1985年に廃止され、今は鉄道博物館として、駅舎や看板、標識、貨物倉庫、転車台などを保存、展示している。えりすぐりの古い客車もじっくりと眺めることができる。

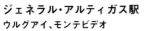

ジェネラル・アルティガス駅　
ウルグアイ、モンテビデオ

ここはウルグアイの首都モンテビデオの
中心駅だった。旅客輸送システムが国中
に整備されていた頃のことだ。開業は
1897年、廃止は2003年。この車庫はフ
ランス式のように見えるが、設計したの
はイタリア人だった。

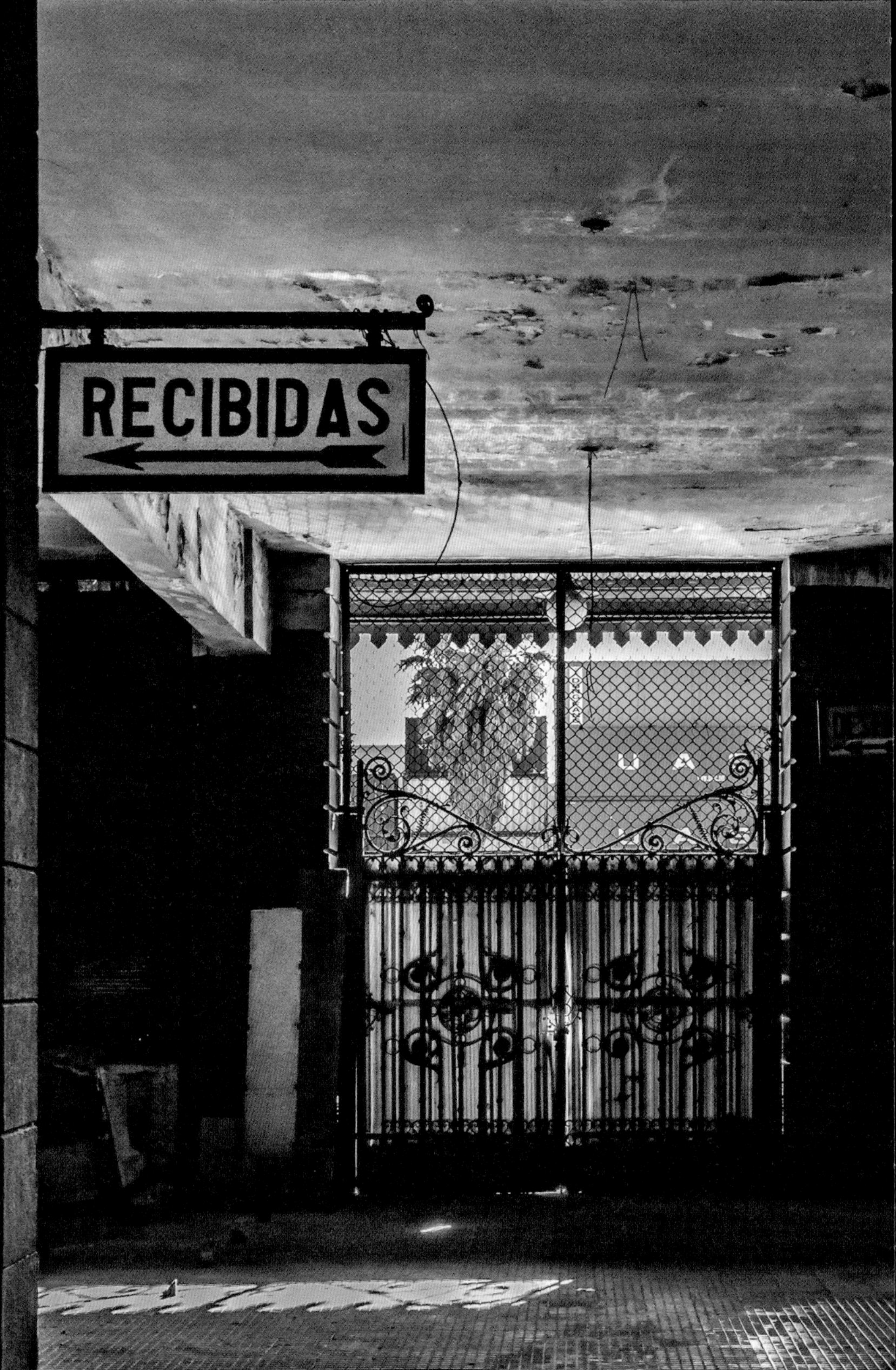
RECIBIDAS

左と次ページ：
ジェネラル・アルティガス駅 **125**
ウルグアイ、モンテビデオ

旧中央駅の発着所には、19世紀後半の内装がそのまま残っている（ウルグアイの鉄道は英国が出資し、建設の管理もしていた）が、老朽化が激しい。市内にある新駅は小さいが、通勤列車のターミナルになっている。旧駅の発着時刻案内板（次ページ）からは、ウルグアイの鉄道が首都を中心に扇型に広がっていたこと、また、この駅がブラジルやアルゼンチンへ行く国際列車の接続駅となっていたことなどがうかがえる。

HORA LLEGADA

E TRENES

PLATAFORMA   PLATAFORMA

プエンテ・デル・インカ
アルゼンチン、メンドーサ州

トラサンディーノ鉄道の昔の駅は、今は
旅行者のための宿泊所となっている。海
抜2717メートルに位置し、「プエンテ・
デル・インカ（インカの橋）」に近い。イ
ンカの橋とは、氷河期後に硫黄などを含
む川によって形成された自然のアーチで
ある。トラサンディーノ鉄道はメーター
ゲージの線路で、ブエノスアイレスとチ
リのバルパライソを結んでいた。開業は
1910年。1978年に不通となり、線路の
大部分は使用不可能な状態になっている。

サラディージョ
アルゼンチン、ブエノスアイレス州

サラディージョはブエノスアイレスの西
に広がる大平原にあり、2万4000人の
住む町だ。駅は1676ミリ軌間のブエノ
スアイレス＆グレート・サザン鉄道が、
1896年に建設した。鉄道は2012年に
廃止され、大部分は荒廃が進むまま放置
されている。

アリベーニョス

アルゼンチン、ブエノスアイレス州

ブエノスアイレス・パシフィック鉄道のこの駅の開業は1902年。国際列車が走行するような幹線でよく見られる造りである。旅客輸送は1990年代まで続けられ、その後はこのような田舎駅が数多く廃止になった。まだたまに貨物列車がこの線を走っているため、旅客列車も復活する希望はある。

カイペ
アルゼンチン、サルタ州

1959年、トランス・アンデス・サルター
アントファガスタ鉄道が、海抜4233メー
トルのこの地までメーターゲージの支線
を敷いた。大きな硫黄鉱山のためだ。し
かし1991年に閉山。炭鉱員たちは去って
いったが、「ゴーストビレッジ」のために
線路は残された。現在、トランス・アン
デス線は全線開通ではなくなってしまっ
たが、「雲の上の列車」という観光列車が
人気を呼んでいる。

世界の廃墟駅マップ

50
49
1
42

69

68

67

アジア・太平洋

北アメリカ

図版クレジット

ナショナル ジオグラフィック パートナーズは、ウォルト・ディズニー・カンパニーとナショナル ジオグラフィック協会によるジョイントベンチャーです。収益の一部を、非営利団体であるナショナル ジオグラフィック協会に還元し、科学、探検、環境保護、教育における活動を支援しています。

　このユニークなパートナーシップは、未知の世界への探求を物語として伝えることで、人々が行動し、視野を広げ、新しいアイデアやイノベーションを起こすきっかけを提供します。

　日本では日経ナショナル ジオグラフィックに出資し、月刊誌『ナショナル ジオグラフィック日本版』のほか、書籍、ムック、ウェブサイト、SNS など様々なメディアを通じて、「地球の今」を皆様にお届けしています。

nationalgeographic.jp

絶対に停まらない
世界の廃墟駅

2023年5月8日　第1版1刷

著者	デビッド・ロス
翻訳	大島聡子
編集	尾崎憲和
装丁	渡邊民人（TYPEFACE）
本文デザイン	谷関笑子（TYPEFACE）
発行者	滝山晋
発行	株式会社日経ナショナル ジオグラフィック 〒105-8308　東京都港区虎ノ門4-3-12
発売	株式会社日経BPマーケティング
印刷・製本	加藤文明社

ISBN978-4-86313-562-8　Printed in Japan

乱丁・落丁本のお取替えは、こちらまでご連絡ください。
https://nkbp.jp/ngbook

本書は英Amber Booksの書籍「ABANDONED TRAIN STATIONS」を翻訳したものです。内容については原著者の見解に基づいています。